SEDAN

§ 1

LA PRINCIPAUTÉ SOUVERAINE.

Quand on est maître chez soi on est prince, roi, empereur. Que la capitale s'appelle Paris ou Sedan, que le
royaume s'étende de l'Océan au Rhin ou qu'il soit grand
comme un pré, n'importe. La souveraineté n'est pas
question de superficie et ce n'est pas une toise à la main
qu'on mesure l'autorité. Vous ne disputerez pas la cou-
ronne à Robert de La Marck parce que ses États auraient
tenu dans Versailles ou parce que faute d'ambassadeur
il a plus d'une fois envoyé son portier en mission.

Je ne connais que Saint-Simon capable de prendre à
la lettre le vers de Lafontaine : *Tout petit prince a des
ambassadeurs.* L'auteur des Mémoires juge les hommes
par le dehors et décide du rang, même de la naissance,
par le train de maison. Qui n'a ni ministres, ni chambel-
lans, ni gentilshommes de la chambre, ni gardes du

corps. n'est pas roi. Qu'aurait dit Saint-Simon s'il avait vécu dans notre siècle, s'il avait rencontré des monarques sans Etats, des reines sans dames d'honneur, s'il avait vu un duc raccommoder ses chausses et un marquis donner des leçons de danse? Aurait-il refusé le titre de souverain aux princes de Sedan pour avoir dérogé en cherchant fortune au dehors et en devenant maréchaux de France?

Autre querelle bien plus grave! Celle-ci touche à l'origine même de la souveraineté de Sedan. « Mme de Bra-
« quemont était veuve en premières noces de Louis
« d'Argies, seigneur de Bethencourt. Elle avait un frère
« duquel Evrard de La Marck, son mari, acheta en 1424
« les seigneuries de Sedan et de Florenville. Nul vestige
« de souveraineté dans la seigneurie de Sedan, ni de
« Florenville, qualitiées simplement de seigneuries. ni
« dans les seigneurs de Braquemont ni dans ceux de La
« Marck qui l'achetèrent. *On n'a jamais eu vendre ni*
« *acheter une souveraineté entre des particuliers.* » N'est-
ce pas toujours la royauté de Louis XIV qui obsède l'esprit de Saint-Simon? Quoi! Un juif riche à millions pourrait acheter le trône de France. Il oserait donner des audiences à Versailles et faire sa cour à Mlle de la Vallière. Quelle bouffonnerie! Les filles d'honneur se pâmeraient sur le parquet de la grande salle et avant la nuit les quolibets auraient tué le nouveau roi. Un monarque sacré à Reims ne peut pas se séparer de sa royauté. Il déjeûne,

dîne et dort avec elle. Il la transmet à ses héritiers de mâle en mâle et ne peut pas la vendre. La loi salique s'y oppose, en France du moins. A Sedan c'est autre chose. Evrard de La Marck achète un Etat. Braquemont reçoit le prix et donne quittance. Il n'y a là ni courtisans, ni mauvaises langues, ni rédacteur de Mémoires. Personne ne crie au scandale. Les habitants continuent à payer la dîme. Payer pour payer, qu'importe le nom du maître, Braquemont ou La Marck? Le temps se passe, on oublie les origines, et les rois de France, Henri II, Henri IV, Louis XIII, consacrent par des reconnaissances formelles cette souveraineté si mal famée.

Lorsque Charlotte de La Marck épousa Henri de la Tour, elle prit dans le contrat le titre de princesse souveraine de Sedan et elle admit son futur mari au partage de la souveraineté. Ecoutez les notaires :

« FURENT PRÉSENTS

« Haut et puissant seigneur messire Henri de la Tour, « vicomte de Turenne,

« Et haute et puissante princesse mademoiselle Char-« lotte de La Marck, duchesse de Bouillon, princesse sou-« veraine de Sedan,

« Les quels recognurent avoir pour parvenir au futur « et espéré mariage à faire et qui au plaisir de Dieu se « solempnisera entre le d. seigneur vicomte de Turenne

« et la d. demoiselle duchesse de Bouillon fait et font
« pour raison d'iceluy les traités, promesses, accords et
« conventions matrimoniales qui s'en suivent :

« A savoir que ledit futur époux prendra pour premier
« titre la qualité de duc de Bouillon, prince souverain de
« Sedan. Jametz et Raucourt. »

Henri IV qui était assis près du vicomte de Turenne ne
se leva pas pour protester contre la qualité de prince souverain. Il entendit la lecture du contrat de mariage jusqu'au bout et quand les assistants se passèrent la plume
dans l'ordre requis, Henri IV signa sans réserves après les
futurs époux et avant François de Bourbon et Charles de
Luxembourg. J'espère maintenant que personne ne se
permettra de dénier à Sedan le titre de principauté souveraine. Si les géographes ne l'ont pas fait figurer sur la
carte d'Europe, c'est pure ignorance : à moins qu'ils
n'aient craint de surcharger la mémoire des enfants, ou
qu'ils n'aient, pour faciliter l'étude de la géographie, an-
nexé Sedan à la France avant le temps.

Nous voilà enfin dans une vraie principauté. Mais qu'y
faire? Monter au château, planter sur le donjon la bannière blanche et noire des La Marck, passer la revue
d'une compagnie d'Ecossais, redescendre dans le village, causer avec les paysans et s'enquérir de la ré-
colte des foins, tout cela ne demande pas grand temps.
Le prince commence à s'ennuyer. Que ne chasse-t-il?

Et d'ici vous me montrez la forêt des Ardennes, le Dos-de-Loup, l'Aire-des-Oiseaux, le Douaire, la Taille-Charles et tant d'autres cantonnements où chaque dimanche les fabricants de Sedan vont traquer la grosse bête pour faire diversion aux soucis du commerce. Le prince qui n'a pas de draps aux apprêts, a chassé toute la semaine. Il est fatigué du bruit des meutes et des cris des piqueurs. Le château est rempli de sangliers, de chevreuils et de gelinottes. On est rassasié de gibier. Si seulement le prince aimait la littérature! Mais les La Marck sont gens d'action, pas du tout rêveurs, ni philosophes, ni poètes. Il leur faut du mouvement, de l'éclat, des tournois, le grand appareil des cours et des camps, toutes choses impossibles à se procurer en Ardennes. Et puis les princes ne sont pas riches. L'un d'eux fut réduit à emprunter 140 livres au président François de l'Alouette. Le notaire Ducloux reçut la minute de l'obligation et ses successeurs la conservent encore dans leurs archives. Or quand on a le gousset léger, un bon poignet et de l'ambition, le mieux est de renoncer à la chasse, d'aller trouver quelque puissant voisin, de se mettre à son service, d'oublier qu'on est roi et de devenir officier de fortune. C'est ce qu'ont fait les princes de Sedan. Vous les trouverez plus souvent au Louvre que chez eux. Ils sollicitent des charges, ils obtiennent des grades et courent le monde à la suite de Charles VIII, de Louis XII et de François Ier. Le métier de chroniqueur est dur avec ces princes nomades. Il faut être sur pied dès cinq heures du matin, assister à leur lever, monter à cheval, les escorter partout en France, en Allemagne, aux Pays-Bas, en Italie et jusqu'en Espagne. Quelques uns ne se donnent même pas la peine de revenir mourir dans leurs Etats. Force est de dresser procès-verbal du décès et d'en envoyer expédition à la veuve en son château de Sedan. Ceux qui veulent avoir des nouvelles de nos princes doivent s'enquérir au dehors, écrire à Brantôme ou envoyer une dépêche au roi de France.

§ II

LES DEUX DYNASTIES.

Malgré son origine allemande, *Evrard*, le premier des La Marck, se tourne vers la France, combat sous la bannière de Charles VII, fait la guerre au duc de Bourgogne et passe dans l'évêché de Liège où il périt vers 1448.

L'histoire de *Jean*, second des La Marck, est peu connue. On pense qu'il mourut tranquillement à Sedan.

Robert Ier se met au service de Charles VIII, entreprend
pour son compte le siége d'Yvois et s'y fait tuer en 1489.

Robert II est le grand homme de la famille. Destiné
d'abord à l'état ecclésiastique, nommé chanoine de la
cathédrale de Metz, devenu plus tard héritier présomptif
de la principauté de Sedan par la mort de son frère aîné,
Robert délaissa les ordres et prit l'épée. Pensionnaire du
roi Louis XII, il fit campagne en Italie avec les bandes
de reîtres et de lansquenets qu'il avait enrôlées en Allemagne. Il était aux journées de Ravenne et de Novarre.
Monsieur de Sedan, c'est ainsi qu'on le désignait en
France, étonna les soldats par son audace et les généraux
par son habileté. Brantôme lui a donné place dans sa ga-
lerie entre le cardinal de Châtillon et le maréchal de
Fleuranges.

« Messire Robert de la Marche a été un gentil et vail-
« lant capitaine. On l'appelait au commencement le
« Grand Sanglier des Ardennes pour l'amour de ses
« terres qui aboutissaient aux Ardennes et qu'il rava-
« geait toutes les terres de l'empereur et autres ses voi-
« sins et y faisait de grands maux ny plus ny moins
« qu'un sanglier qui ravage les bleds et les vignes des
« pauvres et bonnes gens.

« Ce messire Robert fut un très-vaillant et hardi
« homme. Il le monstra à Novarre lorsqu'il faussa six ou
« sept rangs de suisses pour sauver ses enfants près à

« rendre le dernier soupir, estant par terre pressés et
« foulés, à demy morts et ne pouvant prendre ni r'avoir
« leur hallaine : les quels il désengagea bravement
« et les ramena et remit en lieu de seureté. Quel brave
« père ! »

Robert invoquait souvent sainte Marguerite, sa pa-
tronne. Quand elle faisait la sourde oreille il allumait une
chandelle au diable. Certain de trouver un protecteur,
fut-ce aux enfers, il prit pour devise : *Si Dieu ne me veut
aider, le diable ne me saurait manquer.* Le pacte produisit
son effet. Robert se croyant invincible perdit la tête et
tomba dans la charge. Il écrivit sur sa bannière une rodo-
montade : *N'a qui veut La Marck.* Puis « il s'outrecuida
« jusqu'à dénoncer la guerre à l'empereur par un héraut
« en pleine diète à Vorms. Charles-Quint en rit, prit
« toutes ses places, le ruina et Sedan ne fut sauvé que par
« la guerre qui s'alluma entre la France et l'empereur. »
(Saint-Simon). Voilà où conduit l'excès de bravoure quand
on n'a pas avec soi une armée de cent mille hommes.

Robert III n'a jamais pris possession de ses Etats. In-
connu sous son nom de souverain, il s'appelle dans l'histoire Fleuranges. Il a combattu vaillamment à Novarre
et à Marignan. Il a été fait prisonnier à la bataille de
Pavie et enfermé au fort de l'Ecluse où il a écrit ses Mémoires. Il a défendu Péronne contre toutes les forces des
Pays-Bas et contraint le duc de Nassau à lever le siége de

la ville. Il est mort maréchal de France et pleuré de François Ier.

Tous les successeurs de Robert III eurent charge à la cour et commandement aux armées.

Robert IV fut maréchal de France et ambassadeur auprès du pape Jules III. Il avait épousé Françoise de Brezé, fille de Diane de Poitiers, et il dut sa grande fortune à ce mariage.

Henri Robert devint colonel des cent-suisses, chevalier de l'ordre du roi, lieutenant général et gouverneur du duché de Normandie. Il perdit ses dignités en se faisant calviniste et mourut empoisonné.

Guillaume Robert avait à peine quinze ans quand le roi de France lui rendit la charge de colonel des cent-suisses que son père avait perdue en abjurant.

Le *vicomte de Turenne*, prince de Sedan par son mariage avec Charlotte de La Marck, gagna le bâton de maréchal en aidant Henri IV à faire la conquête de son royaume.

Frédéric-Maurice, le vainqueur de la Marfée, commandait l'armée d'Italie lorsque Richelieu le fit arrêter. Impliqué dans le complot de Cinq-Mars, Frédéric-Maurice dut livrer Sedan à la France (22 septembre 1641).

N'allez pas plaindre le sort de notre dernier prince. On lui rendit bientôt en revenus, titres, droits d'aubaines et seigneuries tout ce qu'on lui avait pris en souveraineté.

Il retrouva la monnaie de ses États. Par un traité du 20 mars 1651 le roi de France abandonna gracieusement à Frédéric-Maurice en échange des principautés de Sedan et de Raucourt, le duché-pairie d'Albret, le duché-pairie de Château-Thierry, le comté d'Auvergne, la baronnie de la Tour, le comté d'Evreux, etc... Frédéric-Maurice n'oublia ni ses livres, ni son vin, ni ses meubles qui étaient restés au château de Sedan. Il les fit réclamer par le roi de France et un convoi les transporta à Pontoise où ils arrivèrent heureusement. Richelieu chargea le général Fabert d'accoutumer les Sedanais à l'éloignement de leur prince. Fabert inventa un moyen dont ses successeurs se sont souvenus : il enrôla la turbulente jeunesse dans un régiment créé tout exprès pour elle et il l'envoya se battre à Fribourg, sous Condé.

Malgré l'enrôlement de la jeunesse, les premiers temps de l'annexion furent difficiles à passer. L'indépendance politique dont jouissait la principauté depuis des siècles avait fait de Sedan le rendez-vous des hérétiques, des libres penseurs, des pamphlétaires et de tous ceux que la critique appelle dans son langage médical des nervoso-bilieux. Ils vont aujourd'hui à Bruxelles. Autrefois ils venaient à Sedan disputer et crier à leur aise. Dumoulin avait pu, sans courir le risque d'être brûlé vif, publier à Sedan l'*Anatomie de la Messe*. Il avait pu sans danger des galères ergoter contre le confesseur du roi Louis XIII et écrire

un livre sur *les Fuites et Évasions du père Arnoux, jésuite*.
Dumoulin s'était même permis de lancer par-dessus la
frontière quelques pavés qui faillirent défoncer la toiture
d'un évêché. Une fois réuni à la France, Sedan dut renoncer à héberger les indépendants et les frondeurs.
M. de Fabert fit pendre deux ou trois criards par bonté
pour les autres et afin que cet exemple leur profitât. La
police invita quelques individus à monter dans le coche et
à se transporter en Hollande. Ceux qui restèrent furent
avertis charitablement. Il fallut renoncer au rôle de capitale et prendre les allures régulières d'une petite ville de
province.

Une illusion consola les Sedanais de leur liberté perdue
et des hontes de l'annexion : il se trouva que Sedan avait
toujours fait partie de la France. La principauté n'était sé-
parée du royaume que par un pont de bois de 175 pieds
de long. Comment nos aïeux n'auraient-ils pas été Français? Si haut qu'on remonte on constate entre les popula-
tions des deux pays, et en raison même du voisinage,
conformité de mœurs et de langage.

A défaut d'autres témoignages, les noms de *Mont-Saint-
Remy*, *Poiru auprès le bois*, qu'on retrouve dans une
charte du treizième siècle, démontreraient qu'à cette
époque l'usage du français avait pénétré sur les bords de
la Meuse. Nos princes parlèrent, suivant le temps, la
langue de Froissard, de Monstrelet et de Comines. Le

maréchal de Fleuranges a écrit des Mémoires que Brantôme aurait signés. Henri-Robert, dans ses grands jours,
haranguait le peuple et admonestait les notaires en bon
français. Le bailly, le prévôt, les capitaines de place, les
procureurs, les sergents ou huissiers parlaient couramment la langue du Châtelet. Quel professeur de Code Napoléon oserait corriger nos ordonnances et coutumes? Et
que trouverait-il à redire à ce préambule écrit à Sedan
en 1568 :

« Considérant que le nombre d'officiers et diversité de
« juridiction en une même ville ne tend sinon à l'op
« pression et foule du peuple, à rendre les parties plus
« promptes et hardies à plaider et se travailler l'un
« l'autre par procès, espérants les tenir en longueur, au
« moyen des appellations qu'ils interjectent de l'un des
« juges à l'autre qui fait que les procès demeurent im
« mortels comme on a expérimenté par le passé.

« Nous pour à ce pourvoir avons supprimé et suppri
« mons... »

Des plaideurs qui comprenaient cette langue-là un
siècle avant leur réunion à la France ont pu affirmer
qu'ils avaient toujours été Français. Quant aux femmes,
elles étaient Parisiennes depuis que Françoise de Brezé,
fille de Diane de Poitiers et femme de Robert IV, avait
importé à Sedan la mode des mules de satin et des vertugalles.

§ III

LA VILLE.

Si nous descendions des Romains la porte du Ménil serait un arc de triomphe et s'appellerait porte de Mars. Le
factionnaire en se promenant le long des bas-reliefs
regarderait Achille traînant le corps inanimé d'Hector
autour des murailles de Troie. Une colonne d'airain s'é-
leverait sur la place d'Armes, et dans le temple voisin les
étrangers admireraient le tombeau d'un Sedanais décédé
consul l'an iii de la république romaine.

Si Sedan avait été une ville importante au moyen âge,
notre église remonterait au xiiie siècle. Ses tours ressem-
bleraient à de la dentelle. Deux ou trois mille statues
peupleraient le porche et toutes les galeries. Pour se re-
connaître au milieu de tant de saints et de rois il faudrait
se promener un guide à la main. Nous n'aurions rien à
envier aux cathédrales de Reims et de Laon, et nous n'en
serions pas réduits à ouvrir une souscription pour faire à
l'église Saint-Charles l'aumône d'un portail. Au lieu de

la mairie que vous connaissez et qui semble bâtie dans une cave, nos aïeux auraient élevé un palais gigantesque qui ferait envie aux bourgeois des communes de Gand et de Bruxelles.

Or comme nos aïeux n'ont élevé ni temples, ni colonnes, ni arcs de triomphe, ni cathédrale, ni hôtel-de-ville gothique, vous en conclurez que c'étaient de pauvres diables, gardeurs de troupeaux, pêcheurs à la ligne et bûcherons exploitant la forêt des Ardennes à défaut d'autre trésor. Vous en conclurez encore qu'ils ont vécu loin de la civilisation, sous la domination de quelque petit seigneur aussi ignoré que ses sujets. Votre appréciation sera conforme à la vérité. Des recherches récentes ont prouvé que la voie romaine de Trèves à Reims se détournait de Sedan pour passer par Yvoy, Mouzon et Attigny. Placé en dehors du parcours des légions et du mouvement commercial de l'empire d'Occident, Sedan n'a reçu aucun élément étranger et n'a pu grandir; aussi les géographes nous ont passé sous silence jusqu'à la fin du moyen âge.

Et cependant, si l'on en croit les poètes, Sedan a été une cité industrielle importante dès le commencement du xiiie siècle. Les Cunin, les Bonjean et les Montagnac de l'époque ont produit pour le printemps de l'an 1202 des articles de haute fantaisie. La mode a adopté une de ces nouveautés sous le nom d'*estival* et les grands seigneurs l'ont préférée aux plus riches étoffes. Il suffirait donc à notre chambre de commerce, pour retrouver ses premiers titres de noblesse, d'acheter les œuvres du troubadour Marcabrus et d'y chercher la pièce de vers où l'auteur célèbre les *bels estivals blancs* que l'on fabriquait à *Sédans*.

Quoi qu'il en soit, au milieu du XIII° siècle, Sedan n'était encore qu'un petit village indivis entre l'archevêque de Reims et l'évêque de Liége. Dans le concordat de 1259 on lit : « *Villæ* tam nostræ quam dicti archiepiscopi scilicet. Sanctus Memmins, Floins, Fleigneul, Ylli, Givonne, Viller-Sarnay, Daaigny, La Montele, Rubiat, Lamercou, Basailles, Balans, Poiru-auprès-le-Bois, Mont-Saint-Remy, Sedens, Encombre, Douzy et Francheval in perpetuum erunt communes inter nos et dictum archiepiscopum. »

L'expression de *villæ* appliquée à Sedan et aux autres localités situées entre la Meuse et la Chiers signifie village, exploitation rurale, ferme ou hameau. Jugez par-là de l'importance de Sedan à cette époque. Deux siècles s'écoulent. Arrive un prince qui bâtit le château vers 1440. Le village grandit aussitôt et devient bourg. Quelques années plus tard, Jean de La Marck entoure Sedan d'une muraille de quinze pieds d'épaisseur. La sécurité est complète et Sedan passe à l'état de ville. Petite ville toutefois et dont on peu lestement mesurer l'étendue. Partant de la place du Château, descendez la rue du Rivage, tournez à gauche, traversez la rue des Francs-

Bourgeois, alors Promenoir des Dames, remontez la place d'Armes et vous aurez, en cinq minutes, parcouru la première enceinte de Sedan. Resserrée entre la Meuse et le château, cette enceinte a deux cents pas de long sur cent trente de large. Environ trois hectares de superficie! Combien Sedan pouvait-il loger d'habitants! A peine douze cents et certes ils ne devaient pas être à leur aise.

Les gens qui se trouvaient trop à l'étroit derrière la muraille de Jean de La Marck se répandirent dans le voisinage et formèrent une seconde cité qui s'appela le *Ménil*. Le Ménil eut bientôt ses fortifications, ses portes, ses ponts levis et son église, Saint-Laurent. Sur les vieilles estampes on voit cette église dont le portail était tourné vers Torcy. Le clocher s'élève au-dessus des arbres et va se perdre en l'air avec les tourelles du château.

La grande prospérité de Sedan date des guerres de religion et du règne de Henri-Robert. Ce prince s'étant converti au protestantisme en 1560, les calvinistes affluèrent de toutes parts. Il en vint surtout de la Champagne et du diocèse de Reims. Ils s'établirent dans le faubourg du Rivage qui ne tarda pas à devenir un centre de population important. La ville ne suffisant plus à loger les réfugiés, beaucoup s'établirent dans les villages. Givonne eut sa part de l'émigration.

Un accroissement de fortifications suivit chaque agrandissement de Sedan. Le bastion de Bourbon et plus tard la corne de Soissons complétèrent l'enceinte de la ville. Le château qui avait suffi pour couvrir la vieille cité de Jean de La Marck ne pouvait plus défendre les nouveaux quartiers. Il fallut de proche en proche occuper les hauteurs voisines. Une armée de maçons envahit les côteaux, expulsa les propriétaires de jardins et construisit, avec l'argent de l'octroi, une multitude de cornes et de bastions. Le fer à cheval et la corne des Capucins protégèrent le faubourg du Rivage. Le bastion du Gouverneur et la corne du Palatinat couvrirent le Ménil. Lorsqu'au xviiie siècle, le faubourg de la Cassine parut assez peuplé pour mériter les honneurs d'une défense, le maréchal de camp d'Asfeld fit construire le fort auquel il a laissé son nom. Enfin, de nos jours, Torcy a été réuni à la ville.

Sedan offre aujourd'hui le singulier spectacle d'une cité qui contient quatre places de guerre sans compter le château. Torcy serait pris que la ville résisterait encore et pourrait se sauver par l'inondation. Si une seconde attaque livrait le faubourg de la Cassine à l'ennemi, les défenseurs se précipiteraient au pont de la rue de Rovigo et soutiendraient là un troisième siége, pendant qu'à l'autre extrémité on disputerait le faubourg du Ménil aux assiégeants. Il est heureux que la porte du Rivage n'existe plus, les habitants seraient obligés de supporter un dernier siége près de la salle de spectacle et d'assister à la ruine complète de leur ville.

Tant que l'industrie a occupé des bras et pas de machines, Sedan a pu prospérer malgré les fortifications intérieures qui l'étouffent. La population s'est augmentée et a atteint le chiffre relativement élevé de seize mille âmes. Mais, depuis un demi siècle, les moteurs mécaniques ont envahi les maisons et expulsé les locataires. A chaque recensement le nombre des habitants diminue. Les ouvriers se répandent dans la campagne, et pendant que Sedan se dépeuple, Floing, Saint-Menges, Bazeilles, Douzy deviennent des villes. Arrive le tissage mécanique et l'on verra à Sedan des machines et pas d'habitants ! Une cité sans habitants peut être un sujet d'étude très-intéressant pour les économistes. Mais je doute que l'octroi y trouve son compte. Sedan fera bien d'agrandir son enceinte, d'ouvrir toutes les portes et de faire appel à l'émigration.

VILLET.

Charleville, Typographie et Lithographie A. Pouillard. — 1929